AF481979

Héctor Cabaña Gajardo

Oraciones al Dios del Dolor

(Edición ampliada)

Independently
Poetry

—[n u m e n]—

Oraciones al Dios del Dolor
© Héctor Cabaña Gajardo, 2014

Edición ampliada

© Independently Poetry, 2020
Numen Collection
Waco, TX – Santiago de Chile – Mendoza

Edición a cargo de Luis Cruz-Villalobos

Imagen de portada: 'El Infierno', Canto 19 (La Divina Comedia de Dante), grabado de Gustav Doré (1867)

ISBN: 9798700218009

Libro impreso en los Estados Unidos de América

*Sandra, Ernesto, Salvador,
gracias por mostrarme a un dios distinto
que no es el dios del dolor.*

*Manuela y Enrique,
amor infinito.*

Prólogo

Este prólogo tiene una curiosa historia. Primero, porque nunca nació como un prólogo, sino como una carta personal. Y segundo, porque la estoy actualizando varios años después de haberla escrito. Hoy, cuando tanto el escritor, como esta poeta, han recorrido inhóspitos senderos que, sin duda, han limado nuestra cosmovisión y sensibilidad, nos reencontramos ante estas "Oraciones al Dios del dolor" que, al ser reeditadas, confirman alguna forma de vigencia en el corazón de su autor. Para mi sorpresa, la reflexión que me suscitó la obra sigue también vigente, por lo que aquí se la dejo, ahora en tercera persona y mínimamente matizada. Lo que me asombra es que la permanencia de las reacciones intelectuales y emocionales que despierta una obra con el paso del tiempo, normalmente sólo se da cuando un texto se sumerge en las inquietudes más medulares y universales del ser humano. Por tanto, Héctor Cabaña nos sigue entregando, con esta segunda edición, y quizá sin pretenderlo, una obra inmortal. Eso resulta especialmente paradójico en una propuesta literaria escéptica respecto a la divinidad. Sin embargo, una capacidad creativa con tal potencial trascendente no hace sino constatar que hay algo divino en nuestra naturaleza.

Su poesía emana espiritualidad unamuniana. No sé si el lector habrá leído "San Manuel Bueno, mártir", de Miguel de Unamuno. En España se estudiaba en el colegio, en los que no eran religiosos, pues es un homenaje a la duda, a un atormentado cura agnóstico que finge creer porque es bueno para los demás. El profesor nos planteaba que este tormento existencial era lo que tenía de autobiográfico el libro. Y la poesía de Cabaña me lo ha recordado. Es una violenta lucha entre el corazón más puro, que siente, que intuye que hay algo más, y la mente, que impone su empirismo ateo para sentenciar que no hay nada. Cuando la leí, me produjo un seísmo en las entrañas, como el que debe experimentar una madre ausente ante la aflicción de un pequeño hijo que se siente solo y abandonado. Dan ganas de abrazar al escritor y decirle muchas cosas: que sí existe, que su intuición sabe la verdad, que el corazón tiene certezas que la razón no entiende, que Dios es esa energía misteriosa que vive en cada uno y que hace perder 21 gramos a cada recién fallecido, que hay múltiples dimensiones y universos, que hay vida en otros planetas, que hay vida después de la muerte, que somos seres espirituales viviendo una experiencia humana, que todo está bien, que todo encaja, que su vida tiene sentido y que está aquí por algo, siquiera por el fin trascendente de darle aprendizaje y sabiduría a su alma... No sé, cualquier cosa, suene o no a cliché, que lo rescate de ese desconsuelo tan desgarrador.

En su poema "Trascender" cuando dice "Busqué detrás del ropero", le veo como Douglas, el hijo de Joy en la película "Tierras de penumbra" (Shadowland), cuando golpea el fondo del closet en casa de C.S. Lewis, atribuyéndose, como niño, el poder de acceder al mundo de Narnia —que, en sus libros, Lewis diseñó al otro lado de un ropero—, hasta rendirse con frustración y enojo con un "no hay nada, ya lo sabía". Ese es también Héctor. El niño que puso su fe fuera de sí, en un dios que no era él, ni parte de sí, sino algo separado, algo que hablaba otro idioma y respondía a otras voces que no eran la suya. Se dice que los niños pasan una etapa llamada de "transferencia", en la que transfieren a sus juguetes y a sus padres, una parte de sí: "ellos soy yo". Por eso sienten un profundo desasosiego si dejan de verlos. Algunos adultos no superamos bien esa etapa: ponemos en nuestra pareja, padres, objetos de confort y amigos (visibles o invisibles), una parte de nosotros, resultándonos muy complejo superar su pérdida. Lo mismo sucede cuando uno pone su fe en un dios externo y, por tanto, volátil e imprevisible. Basta con que la mente nos lo arrebate, con sus añejos postulados científicos, para sentirnos tremendamente vacíos. Pero cuando sabes, porque la intuición SABE, que, en realidad, esta constante llamada a la espiritualidad es un inexorable síntoma de que somos parte o fractal de la Fuente, todo cambia.

La poesía de Cabaña es su ancla. Ella sigue expresando la rabia por esa inconsistencia racional impuesta sobre su fe certera. No existiría nada si dejara de preguntarse, si todos dejásemos de preguntarnos. Y aunque solo planteo mi cuestionable sentir, sí creo que tenemos un poder co-creador enorme. De hecho, el célebre psiquiatra Deepak Chopra concluyó, por los testimonios bajo hipnosis de muchos pacientes que recordaron momentos previos y posteriores a sus muertes en vidas pasadas, que cuando un ateo muere, su alma va al lugar que su expectativa ha creado: la nada. Y que allí pasa un tiempo indefinido observando la nada en la que cree, hasta que el impulso creativo que lleva dentro se pregunta "¿y no habrá algo más?".

Entonces su alma está preparada para un siguiente nivel, para ese "algo más" que acaba de concebir. Y así, en la medida en que va tumbando sus resistencias, el Todo empieza a manifestarse en su experiencia. A su ritmo. Por tanto, nosotros seríamos Dios y siempre, hasta después de la muerte, se cumpliría nuestra voluntad.

Para mí es difícil definir la poesía de Héctor Cabaña al margen de estas consideraciones, pues desde el título me provoca en mis creencias. Algo que, por otro lado, encuentro un sanísimo ejercicio: exponerse a cuestionar lo que siempre hemos creído. Tengo varias esquinas dobladas en las páginas de su libro, porque en ellas me zarandeó. Y es que, aparte de las demás virtudes, hace alarde de una gran habilidad para evocar emociones encontradas con sus metáforas y antítesis: la belleza de la palabra equilibrando la fealdad de la tristeza en un sanador baile alquímico.

Con todo, no me queda más que felicitar al lector que aborda este libro, porque encontrará una poesía culta con unas imágenes familiares que nos permiten identificarnos en nuestras preguntas más esenciales y navegar con el autor en su tribulación. Toda una experiencia de desasosiego temático y deleite estético sólo apta para aventureros/as que, sean o no creyentes, lo sean sin dogmas, con la ternura del niño, la confusión del adulto y la humildad del viejo.

Mireya Machí
[mireya.machi.es]
Mayo de 2015 y Noviembre de 2020

Un poemario de 21 gramos

Para esta nueva edición, mantuve los mismos poemas del original. Solamente, los reordené para que el lector pudiese seguir mejor la línea de mis pensamientos...

...Y me di el gusto de agregar algunos poemas (viejos y nuevos) que mantenía inconclusos.

H.C.G.

Parte I
Oraciones al Dios del Dolor

Reflexión inicial

El cielo puede desaparecer
en nuestras manos.

Destinados a ser
la imagen y semejanza
del que todo lo puede,
por un simple acto canalla
nos convertimos en bestias,
representantes del averno.

No hay nada en este mundo
que sirva para marcar
la diferencia entre los unos y los otros:
monstruos nosotros,
no podemos dejar de ser iguales a
nuestros angelicales hermanos.

Aunque de estos últimos
ya quedan bastante pocos.

Hay momentos en la vida
que uno imagina
un mundo lleno de sorpresas,
de belleza,
de magia por doquier.

Hay instantes que uno sueña
con la posibilidad de abrir
la puerta del Edén
y entrar en el paraíso
del que nos alejó el Señor.
Hay veces que pienso

que todo es posible,
que puedo hacer aquello
 que siempre quise...

El problema es cuando despierto,
cuando descubro que todo fue
sólo mi imaginación,
cuando trato de asirme a aquello
y veo mis manos vacías.

Entonces me absorbe el desaliento.

Los pies sobre la tierra

¿Qué haces cuando ya
has tocado el cielo?

¿Pararte sobre la tierra
e intentar alzar el vuelo?

¿O hay que caer en la cuenta
que planear
es sólo para las aves?

Y, si es así, ¿para qué
el Señor me dio alas?

Al parecer, para surcar
por las nubes,
este ser humano
no ha sido diseñado.

El ascenso fue tan difícil,
descender tan repentino.
Debo reconocer que ser falible
es parte de nuestra naturaleza.

Cómo me gustaría que
el errar, fuese algo divino,
y que perdonar
fuera mucho más sencillo.

Yo sabía que esto
me iba a suceder,
pero había que jugar,
poner todas las cartas sobre la mesa,
lanzar los dados,
la ruleta tomar
y hacerla girar
para obtener el número deseado.

El oráculo me dijo
que después del sol
regresaría la tormenta.

Me lo avisó una vieja,
de un solo ojo
y canas eternas.

Tenía que bajar de las montañas,
alejarme de las nubes,
volver a la maldita tierra.

Las plumas de mis alas,
quisieran reemprender el vuelo,
pero las cadenas se sienten
más pesadas en mis piernas.

El ave

Afuera, la última avecilla
que nació la temporada anterior
en las ramas de mi limonero,
ya entona su canto final,
su corazón poco a poco
se diluye en el polvo
de la existencia
y de su pulmón sale
la última melodía de amor
a un mundo que no aprecia
el regalo de la vida.
El fin de su existencia,
sirve de señal
para que recordemos
que nuestro fúnebre día
se acerca a pasos de monstruo.
Su canto daba alegría
a un corazón amargado
por la pérdida,
en cambio el silencio permanece.
Ya podemos escuchar
el lento avanzar del segundero,
el contar del tiempo,
la cercanía del final.
Hay que prepararse
para el último adiós,
para partir cantando como un ave,
aunque ello no valga de nada
a un dios que,

sentado en su trono de muerte,
se ríe de la vanidad humana
y que, maliciosamente,
disfruta del trinar de un ave
que dice adiós.

No hay que tener fe en el búho artificial

La experiencia más terrorífica
es aquella cuando uno va abrir una puerta
y sabe, a ciencia cierta,
el escalofrío en la espalda te lo asegura,
que al otro lado hay algo o alguien maligno
esperando para hacerte daño...

giras el picaporte
haciéndote de fuerzas
para enfrentar lo más horrible...

y descubres
que tras el portal
no hay nada...

absolutamente nada...

Epitafio para mi década

Desde la cordillera se siente tu ausencia,
es la estructura de los silencios construidos
por centurias de nombres olvidados,
la sangre de los fundadores de tristezas
ha corroído las bases de la naturaleza
y nuestros nietos llorarán por mis pecados.
Nunca leeremos en los libros de historia,
los cuentos del fracaso, más bien
veremos retratado el ascenso de
lo innombrable, la victoria del derroche.
En los senderos de la derrota
aún se notan las huellas de la muerte,
los dolores del parto y los sepulcros
de las esperanzas fallecidas.
Siervos de papiros impresos con mentiras,
falsas promesas, embustes de recompensas.
¿Qué será de los hombres cuando
llegue la hora de los fríos eternos,
cuando el invierno deje de dar
paso a la primavera?
Los profetas hablaban de
hombres antropófagos,
y sus augurios hoy ya son reales,
somos caníbales de nuestros sueños,
nos alimentamos de nuestros hermanos y
saciamos nuestros deseos licenciosos
con la carne de nuestras hermanas.

Por los pasillos y corredores
de los supermercados de la vida,
se ofertan las almas y se venden
los últimos corazones vírgenes
como tesoros arqueológicos
de una época sentenciada desde
su nacimiento.

Desde la cordillera,
en la que habita la ausencia,
se mantiene una voz sin respuesta.

La serpiente marina

Hay un demonio esperando en mi interior,
me araña, desgarra y hiere,
aguarda por aquello que me pertenece.
Acecha el momento de debilidad precisa,
la duda inoportuna,
el instante en que esté más falible.

Hay un demonio esperando en mi interior,
que ruega a los cielos que le abran las puertas,
para salir y dañarme desde el exterior,
implora a los ángeles con ojos lastimeros,
desea tomar mi corazón y deshacerlo entre sus fauces.

Hay un demonio esperando en mi casa interior,
viste con ropajes de lino y seda,
ataviado con traje de reyes,
pero con los deseos mundanos del vulgo,
su lengua bífida recorre sus labios,
recordando el gusto purpúreo de sus actos obscenos
y su cola de ofidio se eriza pensando lascivamente.

Hay un demonio escondido en las sombras,
espera intranquilo, impaciente,
se come las uñas deseando, anhelando,
el día en que pueda apresarme
y deglutirme hasta la agonía.

Al pensar en él, el mar surge ante mis ojos,
recuerdo las aventuras del navegante
que fui en años mozos,
se me detienen los latidos al pensar en mi nave
destruida por el tiempo, las olas del odio,
la tormenta de las pasiones infernales.
Me pregunto si pudiese haber llegado a alguna parte
si un dragón satánico, desde la popa,
no hubiese desgarrado mis velas.

Hay un demonio aguardando desde el pasado,
en el interior de las habitaciones del recuerdo,
encadenado en un anaquel de llantos,
acecha mi carne y desea mis lamentos.
Hace tiempo le vi el rostro y se asemeja en demasía
a la imagen que reflejo, en este instante,
en un espejo convexo: una mujer de tez morena,
cabellos caoba ensortijados hasta la cintura,
mirada triste y pellejo desnudo
adornado con las cicatrices tatuadas
por una serpiente marina.

La lectura de las cartas

Andar como caballo desbocado
por un mundo incontrolable,
lleno de logros ya alcanzados,
con la saeta apuntando al vacío
y el ojo puesto en el mañana invisible.

Sentirse tentado de reinventar el cielo,
colocando un nuevo final a esta novela
donde los personajes ya comieron perdices
y la bruja es un mal recuerdo en la boca.

El fuego que me dejó un dragón alado
ha sido extinguido por el agua de la vida.
La promesa de un árbol dándome sombra,
en cambio, hay un foso de incertidumbre.

El ansia de dar en el blanco con presteza,
me apuró a no pensar en el después,
ahora me retuerzo sin destino,
buscando respuestas en los signos.

La meica del pensamiento auguró este desastre,
me previno con oráculos de pastillas,
las que presto digerí, sin entender
los profundos significados del rito acometido.

El arcano cero a punto de caer al precipicio,
sin preocuparse del escabroso camino,
cargando un morral con su pasado,
ese es mi destino, mi fin, mi trágico adiós.

En el sexto lugar está la templanza,
en posición invertida nos augura:
¿insensibilidad al dolor?
¿atasco en el pasado?

Sueño con que el ánima se encuentre encinta,
rodeada de verdes y doradas granadas,
su mano alzada dominando el bosque de la ciencia
y el pez ichthys flotando en el río de la vida.

«Haz lo que siempre deseaste hacer».

La muerte, el mago y la luna
bebiendo vino en un cáliz de plata,
la sangre escarlata de quien aspira a más,
la alianza nueva borrada en un aquelarre.

Para mí, hoy todo está en la mente,
me lo dice la lectura diaria de las andanzas
de un centauro en búsqueda de la sabiduría
escondida en todas las flores de la montaña.

Para mí, el mañana fue ayer,
no puedo asirme al pasado
porque no ha sido ejecutado,
fue más bien un espejismo en este desierto frío.

El caballo ha dejado de galopar,
se detuvo a comer del pienso,
yo me bajo a beber un poco de agua
y veo el extenso valle recorrido,

es la calma que antecede a mis tormentas...

Hijo de un dios esmeralda

¿A quién llamarás el día en
que el infierno abra sus puertas
para recibirte?

Te has convertido en millonario
con la sangre del sufrimiento,
estratega de los billetes,
usurero de las almas,
hijo de la impotencia,
padre de los horrores,
madre del llanto.

Todos juntos, comprados
y perdidos como el paraíso divino.

El alimento de los dioses
es la fe ciega,
la culpa dogmática,
la amenaza del arrepentimiento.

Hoy en día, una divinidad esmeralda
nos entrega una nueva Tabla de la Ley,
con diez mandamientos monetarios:

«Roba, acumula, compra,
vende, gasta, consume,
extorsiona, agota, destruye
y borra el alma de tus hermanos».

Navegamos en un mar de incertidumbres,
pero nos dejamos llevar por el viento
de los bloques dorados que
emanan de las chimeneas bancarias,
nuestra brújula es un signo peso,
ya no nos guiamos por las estrellas,
seguimos el orden de las cifras.

Uno, diez, cien, mil, diez mil,
no hay límites para la avaricia,
sólo una nueva cuenta que alcanzar.

¿Dónde han quedado las esperanzas
de los que soñamos con
un mañana de esplendor?

El anhelo no tiene valor
en el mercado de las almas,
no malgastemos en sueños,
que de nada sirven,
que nuestro dinero sea invertido
en cosas materiales, tangibles,
que tienen un precio real
y, a los ojos del dios verde,
son imperecederas.

El espejo

Un espejo ante mis ojos,
un reflejo lo que observo,
una imagen se queda.

El resto es invisible, se esconde,
la razón decide, construye,
define que es imprescindible,
cuál es mi esencia:

Soy el nefasto olor nauseabundo de la mañana.
Soy la criatura que sube por tu espalda en la noche.
Soy el que maúlla a la luna.
Soy el que llora la pérdida.
Soy el que ladra al amanecer.
Soy el que te lastima y me hiere.
Soy un sonámbulo durante el día.
Soy un monstruo hambriento de soledad.
Soy un espacio mal ocupado.
Soy la enciclopedia vacía, el conocimiento sin alma.
Soy la ignorancia que corrompe.
Soy el astronauta de lo imposible.
Soy el náufrago de la tempestad en un vaso de agua.
Soy la lágrima derramada en vano.
Soy el padre de los miedos que pululan.
Soy el que puso el último clavo en su mano sagrada.
Soy el que te ha abandonado.
Soy el que lavó el manto manchado.
Soy el que pensó en la corona de espinas.
Soy el que te pateó en el suelo.
Soy el que no te ve en sus hermanos.

Soy el ignorante que se cree sabio.
Soy el tuerto que sigue a los ciegos.
Soy el que puso un letrero en la cruz.
Soy el aborto mal hecho.
Soy el agua donde se lavó Pilatos.
Soy una de las treinta monedas de plata.
Soy el que eligió a Barrabás.
Soy la ceniza de la zarza ardiente.
Soy la comida malgastada.
Soy el oxígeno que falta.

¡Soy el que suplica la ayuda de Dios!
Soy un simple hombre,
con errores y bondades,
defectos y cualidades,
como cualquier otro que se atreve
a pararse ante un espejo
y mirarse de cuerpo completo.

El fluctuar de las cosas

Me ciego ante los llantos de un niño,
disfruto como infante con la violencia en la tv,
me duele el alma ver a una madre agresiva,
pero me vuelvo obtuso ante un yerro.

Me enfado con quien me solicita ayuda,
por temor a represalias injustificadas,
por miedo a manchar mi proba vestimenta
de hombre íntegro, sin pecados.

La naturaleza de las cosas,
parece un ir y venir
entre el bien y el mal,
la oscuridad y la luz,
el cielo y el infierno.

No te olvides de mí,
no me abandones a la suerte
de los nauseabundos destinos
que los hombres han forjado.

Si la masa de los átomos de
una bola de silicio, es capaz de fluctuar
en el tiempo, de crecer en el vacío del espacio,
¿cómo pretendes que yo siga siendo
el mismo de ayer?

En siete años, todas mis células
han cambiado, dando paso a una
nueva corporalidad, ¿de qué forma
se me solicita que permanezca
inmutable ante los diversos designios
y acertijos que encuentro en
la vereda del frente?

Jonás dentro de la ballena,
consumiendo los peces
ya comidos por el cetáceo,
tratando de encender el fuego
del espíritu divino.

La materia de la inmateria,
la conexión oculta entre
las cuerdas que vibran
y conforman este mundo.

Transmuto eternamente
sin controlar mi futuro,
el pasado ya no importa,
porque, de cierta forma fue
y no puede cambiar.

La constante estructura de lo visible,
la aparente inmutabilidad del macrocosmos,
te hace pensar que todo ha sido así,
desde antes del primer día,
que el verbo eterno ha permanecido
intacto, invariable, estático, estable,
fijo.

No obstante, las pruebas,
las malditas pruebas,
demuestran que lo durable es efímero,
que al principio hubo algo antes de la carne,
y algo más antes de eso.

Caminamos por calles desiertas
de hombres probos,
atestadas de monstruos lascivos,
de dragones acumuladores,
de serpientes avaras,
de ratones esclavistas
y de cerdos con corbata.

¡¿Cómo pretendes que yo siga siendo
el mismo de ayer y que me mantenga
impávido ante tales horrores,
que no busque siquiera, una respuesta ante
tanto dolor ajeno y sufrimiento propio?!

Debe haber una constante fija,
es la única respuesta que encuentro,
es lo que realmente anhelo,
si quieres le ponemos un nombre,
tú le llamarás Dios,
yo le daré otro.

Lo que importa es que sólo
al mencionar su existencia
podamos dejar quieta el alma,
apaciguado el corazón,
abiertos los ojos y manteniendo

la mirada atenta a lo que sucede
en esta vereda, en la del frente
y en la calle del destino que las cruza.

Lentas pasan las horas

La marea insana de eso que llaman razón
hace creer a los hombres de que existe algo
                              /más allá del sol,
ignorando advertencias sagradas
                    /respecto del canto del lobo
o las oscuras intenciones de las madrastras.

*«Cómase esta manzana que ha cosechado la ciencia,
tiene el sabor más preciso, gracias a divinas fórmulas químicas,
no confíe en las hadas y los enanos,
que el apetito puede ser efímero».*

Los senderos de las ciudades no se distinguen
                          /los unos de los otros,
basta con mirar la procesión de inútiles y abandonados
que han quedado regados por el sistema preponderante
donde somos herramientas de la codicia.

*«Dejemos a nuestros hijos en el centro del bosque,
con unos maderos para el frío y con algo de ropaje,
borremos nuestras huellas para que no regresen,
no vaya a ser que se coman nuestros alimentos del alma»*

Miremos a los hijos del hombre,
cómo han olvidado lo que ellos mismos adoraron,
reemplazándolo por buitres y otros tipos
                          /de alimañas doradas,
que exudan promesas perennes.

Hemos despojado de sus ojos a los hombres santos,
los hemos vestido de locura para reírnos después,
también castramos los ideales
                        /y extirpamos las esperanzas,
los verdaderos males de nuestra saciedad.

En mil y un cuentos escuché sobre una montaña
en la que se encontraba una luz muy brillante
                        /y el fuego más intenso,
protegidos por un dragón de fuego
                        /y arcángeles de plata,
pero el aullido de las falsas sirenas
                        /ha segado mis sueños
y embrujado mi destino.

El universo de los cuentos de hadas
ha muerto, pariendo una realidad
lúgubre y sin esperanzas,
de la luz nació la oscuridad.

> *«El conejo blanco corre, se detiene,*
> *olisquea algo a la distancia,*
> *tiene el hedor de la muerte, mira su reloj,*
> *sabe que es tiempo de las danzas fúnebres».*

Las preguntas nos confunden, no ayudan,
nos alejan de la realidad,
construyen un laberinto de incertidumbres,
donde la paciencia no tiene cabida.

> *«Alicia, no escuches sus cuentos,*
> *no bajes por el hueco en el árbol,*
> *no bebas nada, no comas del pastel,*
> *no asistas al té de los locos».*

Lentas pasan las horas de la vida,
cuando ya no hay un bosque encantado,
cuando el minotauro ha salido
a enfrentar su destino.

> *«¿Qué será de Sísifo?, se preguntaba un águila*
> *saciada con la carne de Prometeo.*
> *¿Ha partido junto a las bacantes tracias?,*
> *inquirió el cuervo de un ojo».*

La enorme roca de la condena eterna
se ha detenido en la cima del monte divino,
los hombres ven pasar lentas las horas,
resuena el tic tac de un cocodrilo.

Vestirse de Llanto

Si no entendemos la vida,
¿cómo podemos aspirar siquiera
 a comprender las ocultas razones
que dan cuerpo a la muerte?

Si me he vestido de llanto,
¿cómo me pides que al final
pinte mi cuerpo de esperanzas
y que baile al son de los muertos?

El adiós se ha cubierto de tristezas,
en mis tripas se retuercen las lágrimas,
trastocadas en calambres y maldiciones.

Luto

La tristeza matinal.
El llanto del anochecer.
Golpear los muros.
Patear la cama.
Enredarse entre las sábanas.
Ahogar un grito en la almohada.
Parar de sentir.
Rasgar las entrañas.
Maldecir a los santos.
Gastar las lágrimas.
Apretar los dientes.
Morder la lengua.
Arrancarse las uñas.
Dormir desnudo.
Vestirse de dudas.
Acurrucarse en un rincón.
Sentarse en la basura.
Llorar.
Dejarse ir
y llorar,
nada más que llorar.

La bienvenida

Le dimos la bienvenida a las máquinas,
dejamos que el mundo se colmara
de estructuras metálicas y
cambiara el verde por el gris del cemento.

Dejamos que enormes gusanos
de titanio surcaran por debajo
de nuestras casas de ladrillo,
cegados por la ilusión de la seguridad
que dan las escuadras de los ingenieros.

Le dimos la bienvenida a las máquinas,
participamos en el sepelio de la carne,
la sangre escarlata fue reemplazada
por el aceite rancio y el negro petróleo.

Abrimos los cerrojos del alma humana,
para que fuera reemplazada
por programas cibernéticos,
los ceros y los unos reemplazaron
el «toc toc» del corazón.

Le dimos la bienvenida a las máquinas,
olvidamos el nombre de los dioses antiguos,
tomamos la pirámide sagrada,
arrancamos el ojo que ve todo y,
en su lugar, hoy habita un búho artificial.

Nuestro cerebro es un circuito electrónico,
no tenemos mente propia,
formamos un todo que se sostiene
sobre un castillo de billetes.

Mientras, yo me pregunto:
¿cuánto vale un papel con ceros impresos?

Le dimos la bienvenida a las máquinas,
dejamos de pertenecer al reino animal.
Nuestros cuerpos renacieron atrofiados
por tantas pastillas
(una para creer,
otra para olvidar,
la roja es para llorar,
la azul para soñar con ser feliz).

Al final, nos hemos fundido con algo que no está ahí,
una risa se escucha al fondo de la tierra,
todo lo que fuimos y pudimos haber sido,
ha terminado convertido en un amasijo
entre la falta de cordura y la eterna tristeza.

Y cuando el hombre abra el cuarto sello,
veré surgir al jinete de color esmeralda
quien cabalgará sobre un caballo metálico
de cuatro ruedas que se alimenta de carbón piedra.
Las máquinas le darán la bienvenida
con un coro celestial de chimeneas oscuras.

La muerte desfilará sobre la tierra.

Las patologías de la mente

¿Alguien me puede decir,
si es que en algún momento
se empieza a abandonar el miedo,
si el valor se hace carne?

Arrastrado por las vicisitudes
de los entusiasmos controlados,
de los llantos prolongados,
de la tristeza reservada,
mi cuerpo ha reaccionado
de manera incontrolable
al saber del conocimiento mundano.

El especialista me diagnosticó
desequilibrio de la emoción,
ausencia de la presencia,
adhesión al pasado,
pavor ante el futuro.

Los temores y las aspiraciones
han generado un conflicto
de proporciones bíblicas:
«La enfermedad del cerebro»,
así le llaman los expertos.
«El miedo ante la vida»,
así la conozco yo.

Un demonio de cola larga,
cachos rojos, mirada nefasta
y voz aterciopelada,
me engatusa continuamente
para detenerme a un lado del camino,
dejando que otros sigan,
mientras reviso si mi carruaje a la muerte
funciona sin complicaciones.

(Volver a la autopista me aterra)

Trato de unir las imágenes
para darle coherencia al espíritu,
invoco palabras,
conjuro a las letras,
recurro a la alquimia del lenguaje,
con el único objeto de aliviar,
nunca sanar

(no se puede),

este cuerpo putrefacto
abatido por los espantos,
esperando que el valor llegue
y pueda dar el salto a lo improbable.

Oda a los terrores nocturnos

Me encuentro recostado en la cama de la infancia,
la tenue luz de las estrellas ilumina la habitación,
entrando por una ventana enrejada y
totalmente sellada al escape de la ilusión.

En sueños, me dejo llevar por una mano oscura
que me conduce a lóbregos laberintos,
donde en cada esquina se esconde una amenaza,
la silueta del miedo que acecha a las almas.

En el dormitorio, una dama de negro hace vigilia,
protege mis horas de descanso, vela por mis sueños,
no vaya a ser que me abandonen las pesadillas.
Ella se encarga de que los horrores no huyan.

Sábanas de un blanco avejentado,
cansinas, vetustas, arrugadas al máximo,
se entrelazan con mis piernas,
amarrándome, arrastrándome al pavor.

La gota de sudor que delata que el espanto
ha parido monstruosidades y pánicos,
asesinando al descanso, incentivando al estrés.
Las arenas del sueño ahogan mis esperanzas.

El sopor no se detendrá ante las amenazas
engendradas en las pesadillas,
trataremos de huir, de despertar,
pero seguiremos en los brazos de la luna.

La larga cola de una serpiente se arrastra bajo la cama,
el batir de las alas demoniacas se escucha a lo lejos,
un perro aúlla, un gato se lamenta,
por las paredes un arácnido me mira
                              /con mil ojos atentos.

Largas son las uñas de la mano que coge mi pelo,
me lo tira, no hay dolor, sólo un grito trabado
por las almohadas que se unen al conjuro maligno
de los monstruos que se han adueñado de la noche.

Mi cuerpo levita sobre la habitación,
me veo a mí mismo, capturado por los afanes
de un diabólico ser femenino, que me ha capturado
con sus fauces sangrientas de placer inmundo.

El fétido olor nauseabundo de la muerte,
el frío de los espantos sempiternos,
me arrastran más allá de la locura
y me condenan a la eternidad de un segundo.

En sueños, el tiempo se alarga,
los temores se acrecientan.
Los caminos de las aprensiones se extienden
por kilómetros de curvas mortales.

Cae la noche y la calma se aleja,
la inseguridad se abre paso por el corazón,
se agita el pecho y se me detiene el valor,
el sol se esconde ante los espantos.

En la mitad del crepúsculo, en plena madrugada,
los monstruos me poseen de mil formas libidinosas.
El vicio y el pecado, lo obsceno y pecaminoso,
asesinan la alegría que pudo haber existido en mi vida.

Ahí, a los pies de la cama de mi infancia,
una silueta caoba se levanta y me recuerda
que los monstruos existen, que las pesadillas
                                    /no se aquietan,
que Belcebú se esconde tras mil caretas.

La presencia de la muerte

Si muero yo,
¿a quién le importa?

¿Una vetusta pala abrirá
un surco en la tierra
en las extensas planicies
de los faldeos cordilleranos
de la zona central chilena,
para construir el hogar
que me alojará después
del último respiro?
¿Ahí se anidarán mis huesos
y se disolverá la carne?

¿O será que el destino me tiene
guardada una última broma cruel
haciendo de mis cenizas el ingrediente
esencial para una nueva receta
de mentiras y engaños?

Cuando se detengan los
latidos de mi cansado corazón,
¿se secarán las alegrías
y despuntarán las lágrimas?
¿Alguien rasgará vestidura,
se arrancará los ojos
o derramará sangre?

Si mi alma en pena
deja de quejarse plenamente,

¿lo que me queda de cielo
trastocará en incertidumbres?
¿Lo que me queda de llanto
será repartido entre pájaros
de oscuras plumas y pico azulado?

Unos le llaman inoportuna,
otros se refieren a ella como impertinente,
hay quienes piensan que es lo único cierto,
a mí me quema los sueños
y me disuelve en intrigas:
«Lo que hay después del último paso
es la eterna duda y la raíz de los credos,
ni Benedicto, ni Francisco,
ni siquiera el santo Juan Pablo,
me han dado mansedumbre
con engaños de respuestas».

¿Puedo llamarte *«maldita, mil veces maldita»*
o *«traidora, mil veces traidora»*?
¿Puedo llamarte *«musa, mi evocadora musa»*
o tendré que nombrarte *«Amante Silenciosa»*?

Cuando vengas a buscarme,
si me encuentro dormido,
¿te atreverás a despertarme o
entrarás callada para arrebatarme
de esta tierra que me da cobijo?
¿Usarás vestimenta femenina
o traje de viejo rancio?

Cuando me tomes en tus brazos
y me lleves adonde tengas que llevarme,
sólo déjame dar una última mirada
a este mundo desolado, para saciar a mi ego
y observar si, en algún recóndito escenario,
alguien llora mi partida o, al menos,
mi adiós ha dejado un recuerdo.

Muerte, maldita muerte,
no te quiero como musa,
pero lo eres, cien mil veces lo eres,
mi macabra amante silenciosa,
que se viste según la ocasión:
ya sea con vestimenta de señor
o con vestido de vieja con empolvado olor.

Si muero yo,
¿a quién le importa?

Si mueres tú,
mi desconocido lector,
¿acaso me interesa?

La noche eterna

Aquí estoy, intentando elevar una plegaria
dirigida al cosmos infinito,
para que Él me dé la respuesta definitiva
a los enigmas que siempre han rondado
mi corazón lleno de incertidumbres.

Las dudas han nublado mi vista
desde el día que supe que mis padres
no estarían conmigo para siempre,
que, en un día aciago y oscuro,
tendría que seguir adelante solitariamente.

En ese punto, la existencia
comenzó a carecer de sentido y lógica:
si vivimos, ¿para qué morimos?
si morimos, ¿para qué soñamos con vivir?

Terrorífico es pensar en la noche eterna
en que la nada me quitará todo,
lo que es, lo que será, lo que fue y
lo que pudo haber sido.

Los rizos dorados de la juventud
han trastocado en sienes plateadas.
El portal de la inexistencia
ha comenzado a abrirse.
En su interior, alguien prepara
la cama del olvido.

Al futuro y al no futuro, les temo,
como un niño que llora tembloroso
en mitad de la vigilia.

Señor, si estás ahí,
cuando me toque entrar a tu reino,
te pido, te suplico, te imploro
que tu mano dócil me conduzca hacia el otro lado.

Señor, si no estás ahí, si nunca has estado,
si jamás lo estarás,
mi oración y todas las avemarías,
letanías y rosarios del mundo,
no han servido de nada.

Porque lo que nunca estuvo,
no podrá ser jamás.

Perseguido

Escuché mis gritos de ayuda,
mientras guardabas silencio.

Traté de asirme a una rama fantasmal,
pero me llevó el río de la vida.

Seguí luchando
y se acabaron las fuerzas.

Intenté escapar de mi destino,
aunque estaba escrito con sangre.

Aquí estoy, en medio de la persecución
pensando en Nuestro Señor Jesús,
quien nos prometió el cielo alguna vez,
espero que llegue pronto mi día,
ya no quiero más huir.

Pesadilla

El sol se mantiene
en constante eclipse,
sólo vemos el lado oscuro
de nuestra propia luna.

El ego oculto
habla de verdades ignoradas,
lienzo de mentiras
diseñado para protegernos.

Despertar entre sollozos,
agradecer por los símbolos revelados.
Hemos de consultar a las estrellas y
leer la silueta de una sombra.

Preguntas vacías

¿De qué sirve vivir
si, en un segundo, la respiración acaba
y las esperanzas se desvanecen
en el impertérrito vacío?

¿De qué sirve llorar
si el agua salada que se derrama,
no es absorbida por la tierra?

¿De qué sirve reír
si el sonido de la alegría
se pierde en el silencio?

¿De qué sirve hacerse preguntas,
cuestionar lo incuestionable,
dudar de lo incierto?

¿De qué sirve orar,
Señor Dios Mío, Padre del Dolor,
si no tengo oídos para tu respuesta,
si no tengo ojos para ver tu rostro,
si mi corazón ya no es el de antes,
si mis manos están cansadas
y mis piernas, agotadas?

¿De qué sirve vivir,
Señor Dios Mío,
si no sé si estás
esperándome al otro lado?

Si vivir no tiene un fin,
¿podrá ser que en la muerte
se encuentre el único sentido
de esta efímera existencia?

Trascender

Mirar al cielo no implica conectarse con la divinidad,
puedes abrir un canal de comunicación con el cielo,
pero no significa que vayas a obtener respuesta.

Yo he estado aquí, por años,
danzando para que llueva
y mi jardín de ilusiones se ha secado por completo.

Es tan frustrante tratar de hablar con alguien que
                                             /no responde
que lo más sencillo es negarlo, decir:
«Allá arriba está vacío, Él no existe».

Busqué detrás del ropero,
invoqué a los seres ancestrales,
lo único que obtuve fue más tristeza.

Hay soberbios que se mofan de los que buscan,
se refugian en los argumentos,
como si ello reemplazara a aquel
que se mantiene en silencio.

He bebido su sangre, he comido de su carne,
he compartido la mesa con mis hermanos,
aún tengo hambre y sed.

La asimetría de los pueblos

I

Un anciano reza ante el rostro
de lo que alguna vez fue un canelo,
las hojas no responden,
las ramas no le bendicen.

El dios oculto en la sagrada naturaleza
sabe que los hombres han aprendido a olvidar,
ya no queda a quién perjurar nuestras tristezas.

La tierra susurra el nombre
de quienes fueron carbonizados
en manos de una fe
construida con ceros infinitos.

II

Oramos a los héroes fallecidos
para que se levanten en rebeldía
contra la mano opresora del propietario
de esta felicidad perecedera.

Miramos hacia volcanes extintos
con la quimérica ilusión de
que surja un leviatán de fuego y hielo.

Seguimos ingenuamente esperando,
soñando con arrasar los edificios,
con recuperar la herencia de nuestros abuelos,
mientras el hierro y el asfalto lo consumen todo.

III

Escucho el llanto de los originarios,
digo adiós a la sabiduría ancestral,
el dolor todo lo llena con su vacío,
se desangra la Ñuke Mapu.

Si la lluvia limpiara las antiguas heridas,
podrían los pueblos juntarse,
pero el agua de las nubes está contaminada.

Mil manos, vestidas con las llagas
de quienes partieron al olvido,
anhelan desvanecerse en el fin de la historia,
dejando atrás a las vetustas araucarias.

IV

Busco en mis venas la última gota aborigen,
pero no encuentro nada.
Escucho si mi corazón sigue el ritmo del kultrum,
pero mis oídos están tapiados.

Si lograra entender a su nación,
dejaría de ser quien soy
y eso es imposible. *¡Wingka!*

Tan sólo persigo robar
una cultura que no es la propia,
adornándome de conocimientos
que no me pertenecen.

V

Que el pehuén renazca
en mi alma desolada,
levantando las voces de quienes
habitaron y murieron en estas planicies.

Que en los ríos no corra más sangre
y que por el aire vuele la esperanza,
la paz y el regocijo.

Que el cielo se nutra de azul,
que el rojo se mantenga en la carne
que el blanco engalane las montañas
y que una estrella adorne esta nueva alianza.

Parte II
Oraciones al Dios del Amor

La bruja de la bicicleta rosa

Circula por las calles en
una bicicleta rosada, tan
femenina como ella misma.

Su piel es más que blanquecina,
casi transparente, etérea,
si la miras con detención
podrías ver sus capilares.

Ostenta una melena rizada,
que le llega al inicio de la cintura.
Cabellos de fuego organizados
por la brisa de sus paseos matutinos
en escoba de dos ruedas.

Mirar sus ojos es caer
hechizado por la profundidad
del verde de su iris.
Sus manos dóciles,
sus piernas interminables,
una lasciva cadera
y olor a mujer recién esculpida.

Una bruja que deambula
por las calles de Rancagua,
seduciendo a los inútiles,
deleitando las miradas,
absorbiendo la energía masculina,
arrebatando el deseo de otras féminas.

Yo fui su víctima,
no la última, menos la primera.
Me atrajo el misterio de
su entrepierna,
me subyugó con sus caricias
hasta quitarme la última
gota de hombría.

Han pasado más de veinte
giros de la tierra alrededor
del astro rey, aún conserva
su juventud inagotable,
todavía se traslada,
de un rincón a otro de la ciudad,
en su bicicleta rosada,
portando una mochila de cuero
donde conserva las almas de
los hombres que ha seducido.

Una de ellas, alguna vez, fue
de mi propiedad, pero la perdí
en un conjuro de sábanas,
en un maleficio de desamor,
en una pócima lujuriosa de sudor.

Caí en su tentación,
no me libré de su mal,
ella era un súcubo
que se alimentó de mí,
ahora he de sufrir
por los siglos de los siglos.

La música de los amantes

La silueta de un amor tan efímero,
como las notas dulces de un piano,
cuyas teclas son presionadas
por dedos femeninos,
que percuten sobre las cuerdas del tiempo
para alojarse en nuestra alma
y hacer vibrar las minúsculas conexiones
que existen entre mi ego
y tu cuerpo atiborrado de exuberancia.

Ahora las escucho, ahora ellas se callan.

El jadeo incesante de tu pecho lascivo
emitiendo la música de los amantes clandestinos,
ocultos de la vista de inquisidores y jueces,
cuyas caricias han sido robadas
de la mente de los lujuriosos arciprestes
que diseñaron las leyes de la moral
y de las costumbres no cuestionadas.

Ahora te escucho, ahora te callas.

Gotas de sudor recorren los caminos de experiencia
con que ha sido esculpido tu cuerpo y
que humedecen nuestras carnes cautivas
por un deseo prohibido para aquellos
que ignoran los placeres de la epidermis.

Ahora me escuchas,
ahora,
después de un último grito de entrega,
me callo.

Separación

Algo cambió, no sabría decirte
con exactitud qué ha sido,
pero el hoy ya no es igual al ayer,
tal vez la luz del día es más tenue,
el verde de las hojas no es el mismo,
las calles trastocaron su dirección,
la luna está más oscura,
la noche perdió sus estrellas.

Veo el reflejo de mi tez
y no reconozco esos ojos oscuros,
al parecer me pertenecen,
pero no estoy muy seguro.

El rojo de tus labios ha perdido
sustancia, carnosidad, deseo.
Un beso me sabe lo mismo que una roca,
no tiene la dulzura del manjar,
la exquisitez de un fruto jugoso.

Algo ha cambiado en mí,
tú ya lo adivinaste, sabes el por qué,
por eso hoy tomas otro rumbo,
para que yo pueda dedicarme
a la búsqueda de aquello
que ha alterado mis ilusiones.

Aquel preciso instante

¿Qué fue lo que nos pasó?
¿En qué segundo dejé de importarte?

Ni siquiera sé,
si intuyes que el alejamiento fue,
tanto de tu parte,
como de la mía.

Lo único que reconozco es
que, en algún momento,
dejó de importarme el no abrazarte
antes de dormirme.

En el preciso instante
de aquella noche que llegaste
con el olor de otro hombre,
dejó de dolerme el no poder mirarte.

La primera noche del desamor

Su silueta se aleja,
la veo recortada
contra un horizonte rojizo.

Al fondo de esta imagen,
el sol se esconde
para recuperar sus fuerzas.

A mis espaldas, nace la luna,
las montañas paren a la noche.

Un viento de hielo recorre el paraje,
la oscuridad se hace silencio,
las emociones se duermen.

Venus aparece en el cielo,
la madre de los sueños.

La bóveda celestial se cubre
de pecas blancas, mil estrellas
que despiertan.

«Buscaré la forma de olvidarte,
 me haré diestra en las artes
del abandono», me dijo antes
de partir hacia lo lejos.

¿Qué es lo que se engendra
en los cerebros de los amantes
cuando sus pieles se entretejen
bajo sábanas sudadas de amor?

¿Por qué si un día todo es:
«te amo» y «no me olvides»,
al amanecer siguiente
se convierte en:
«te odio» y «aléjate»?

Cuando me sentaba a escondidas
a esculpir su cuerpo con mi mirada,
no imaginaba el profundo dolor
que causaría a mis entrañas.

La sangre se me alborotaba tanto
que no podía predecir, en las hojas de té,
el momento aciago en que, de un golpe,
toda la pasión se esfumaría;
o el cáncer de la desidia
que enferma a las caricias,
desde donde se procrean
las distracciones y los abandonos.

En el horizonte, hay una mancha
que alguna vez fue su silueta,
ella se ha ido, ya no queda ni la nada.

«Es tiempo de recomenzar»
«Deja ya de llorar»
«Busca un nuevo amor»
«Una cruz saca a otra cruz»

«¡Cómete las espinas que
coronan tu corazón destruido!»

No quiero...

Aunque ya no la vea...

Si la olvido, habré perdido...

Cuando ella es la culpable

Hay un sentimiento que nos embarga
cuando terminamos una relación:

Para ti... nada.

Para mí... fuiste todo.

Corazón en arriendo

Cuánta falta me haces en la inextinguible tristeza
de mis sueños frustrados por tus arrebatos de
niña colegiala con cuerpo de mujer maltratada.

Me siento avasallado por el tiempo en
que no has estado robándome las
ilusiones de una vida contigo.

Estoy asfixiado por no poder susurrar tu
nombre a los vientos del oeste que traen la
semilla del frío invernal y el olor de
rosas moribundas.

El día que partiste,
la esperanza se desvaneció entre mis manos
producto de las laceraciones del alma que
aún siente que eres lo más importante.

En mis lágrimas ya no hay pena, sino que hay
un mar de miedo ante la impotencia del olvido,
¡tu corazón siempre ha sido tan cruel conmigo!

Te amé hasta saciarte, aunque yo
siempre continuaba con hambre de
tu piel desnuda y de tu cuerpo abierto a mi hombría.

Al parecer, te colmé de demasiadas caricias,
ya que te fuiste al primer hálito de
una nueva aventura con uno menos viril
que el que escribe estas palabras.

¡Exijo alguna indemnización por mi
llanto, por la desgracia de no tenerte
entre mis sábanas mancilladas por el sudor
de un placer más allá de lo profano!

¡Cuánta falta me haces!
Aún con este dolor amargo,
sigo contando los minutos
que me quedan sin tus ojos.

¡Te amo!
Aunque mi grito desgarrado
no tenga significado para ti,
mujer de corazón en arriendo
al mejor postor, al que tenga más
ceros en las alacenas bancarias.

Tatuarse los huesos

En los huesos he tallado las razones
 que nos condujeron al desencuentro.

¿Por qué maldecimos cada día que pasamos
empapándonos de miserias?

Tal vez, el ridículo fin
es escribir doloridas letras.

Ojalá que quien entienda,
se ponga a ~~trabajar.~~

Amar.[1]

---

[1] *Pequeña corrección para esta edición. HCG.*

Las ilusiones mundanas

«Vestido con la coraza de un armadillo,
me he propuesto la tarea
de ocultar mi corazón a los sentimientos,
que comande eso que tengo entre las piernas».

«Aunque me digan que juego
al filo del riesgo, me haré más hombre
que cualquier otro macho
que habita las tierras del desamor».

«Usaré el caparazón de una tortuga
para esconderme de las ninfas que,
intenten nuevamente,
jugar con mi corazón herido».

«Usaré sus pieles para satisfacer
a mis entrañas carnívoras,
ya no me haré de ilusiones mundanas,
sólo las usaré a mi antojo,
así como yo fui utilizado».

«Las que anden con un vestido de novia,
que me teman, porque rasgaré sus telas
y me haré un traje de rey,
de príncipe azul me transmutaré
a soberano de los infieles».

«Si desean un hijo de mí,
me mofaré en sus caras,
ya que no tendré vástagos
en mi reino de masculinidad,
no heredaré a nadie mis tierras».

«Que gobierne la testosterona,
el resto no vale en ese mundo
donde el macho administra a su antojo
los enseres femeninos».

«Aquí mismo prometo que
ya no podrán volver a hacerme daño,
ya es suficiente que hayan jugado
conmigo todo lo que desearon,
que tomaran mis aspiraciones
de chiquillo que no ha madurado,
para mofarse en mi rostro
y botarme como estropajo».

«Prometo que mi sangre
ya no hervirá de amor,
solo me dejaré llevar por el deseo,
porque así he sido tratado:
como juguete de pasiones.
Ya no quiero que me hieran a muerte,
por lo que, desde ahora,
yo daré la primera estocada».

A lo lejos, se ve a una moza,
caminando femenina,
con piernas que llegan al cielo,
su sonrisa hipnotiza,
sus pechos te cautivan,
mira a nuestro interlocutor,
con sus ojos profundos y azules,
en un segundo él olvida
todas las promesas antes vertidas.

Las mutaciones del amor

Dices que nada ha cambiado,
pero este papel arrugado ya no se desdobla.

La cascada blanquecina que cubre tu rostro,
reemplazó el azabache de tu cabellera.

Si las cosas fueran como debieran ser,
la vida tendría otro sentido.

Nuestro amor se disolvió en el sol,
las fauces del pasado lo han consumido.

Por culpa de este corazón corroído por las piedras,
una nube de tristezas cubrió nuestra existencia.

Los oídos fueron tapiados por palabras mudas,
la pasión no nos fue infinita.

Redactamos una ficción a partir de imágenes sueltas,
sin apenas describir el triste escenario que rodea
                                    /a los personajes.

Desafiamos a la providencia,
con caricias prohibidas según los santos libros.

El destino nos llegó tan de pronto un día,
que el presente es sólo cenizas.

Te miro con los ojos grises de un hombre agotado
y me dejas a la suerte de ya no tener tu sonrisa de niña.

Augurios oscuros

La pregunta surgirá de la nada:
si los oráculos nos hubiesen prevenido,
¿habríamos cambiado nuestro sino?

Desde Tebas hasta mi humilde Pueblo de Brujas,
una serpiente lunar se enrosca y muerde su propia cola,
un alacrán transparente inserta su aguijón
en su propia cabeza y envenena sus ilusiones.

De seguir las advertencias,
¿habríamos cambiado algo?

Amé tus ojos, tu sonrisa y tu mirada perdida,
fuiste doncella y te hice mía,
sin saber que al final del camino
una roca de sufrimiento nos separaría.

No me arrepiento,
pero tanto dolor me angustia,
quisiera no haberlo conocido.

De haberlo sabido,
¿igual te habría amado?

Un cántico al abandono

Los sentimientos suelen traicionarnos,
si miramos desde un edificio al vacío,
si caminamos solitarios por las calles atestadas
de rostros sin nombre, de ojos sin brillo.

Sentarse en la cornisa de la vida
en busca de la brisa más tenue,
comer en el empedrado y entonar
antiguos cánticos sagrados.

Los sentimientos no son sinceros,
si nos ciegan, si se tropiezan.

Te fuiste en silencio, una mañana de bruma
en que los pájaros no cantaron,
la ciudad detuvo su marcha,
para que pudieras huir sin pausas.

Abrigarse de recuerdos,
para no sentir el frío de la pérdida,
deambular en penumbras sabiendo que,
aun así, se te hiela el alma.

La luz de un ojo anónimo me escruta,
atraviesa mis células para diagnosticar
arcaicas faltas de fe, de esperanza.

Tal vez, lo que nos condujo a este punto
dice mucho sobre lo que maldijo al hombre,
verdes prados sobre montañas moribundas,
volcanes de oraciones extintas.

En una estrella titilante,
un pianista se coordina
con el clarinete de la creación,
los hijos de Caín buscan entretenerse
hasta el día final.

Los sentimientos ya no alumbran como antes,
todo lo oscurecen con sus dudas.

La semilla ha sido plantada,
más allá del sol, el encargado del prado
se apresta a luchar con los cuervos,
la cosecha debe estar segura.

Me santifiqué en su nombre,
me deshice en sus labios,
recorrí sus imperfecciones, amé sus suntuosidades,
para luego perderlo todo
una mañana helada del invierno
más duro de mi breve existencia.

Una pausa, un breve silencio,
la puerta del abandono
se cierne sobre los amantes
que ya no se besan.

Risas nefastas, que hieren como dagas,
oscuras palabras pronunciadas
como un conjuro de brujas,
con su piel verde y su cabellera cobriza.

Por las rutas no trazadas,
se ha buscado tu mirada,
sólo se ha encontrado
excusas malgastadas.

Los sentimientos no son nada,
si despierto sólo en mi cama.

El olvido

La vida sigue igual
hubiese preferido que el día
no siguiera a la noche,
pero inevitablemente el reloj
sigue marcando las horas,
las hojas del calendario caen,
la sombra de la muerte se extiende,
tu recuerdo, de mi mente desaparece.

La tristeza, la desolación, el llanto,
es lo que finalmente queda,
lo que nos ata a esta tierra.
Cuando dejan de llorarnos
inevitablemente viene el olvido
y con él, llega la verdadera muerte.

Es tan injusto que ya
no tenga deseos de llorarte.
Cierro los ojos, ya no veo tu rostro.
Busco en mi corazón tu voz y,
caigo en la cuenta,
de que, inexorablemente,
ya he desconocido tu nombre.

Parte III
Oraciones al Dios de los Desvaríos

Brevísimo

¿Podré crear un poema
en menos de un minuto,
sin que nadie
cuestione su contenido?

¿O sólo puedo crear un poema
que se lea en menos de un minuto,
sin que me importe un carajo
lo que en él esté escrito?

El gato

Como en el experimento de Schrödinger,
metí a mi gato en una caja
y, sin sacarlo,
durante la eternidad de un minuto,
lo enterré en un cementerio de mascotas.

La falta de inspiración

Sentir el llamado de una hoja blanca
no basta para escribir.
Hay veces que la mente no logra unir
más de dos palabras.
Uno se sienta frente al teclado,
pero la inspiración no nace.
Entonces, el estómago se retuerce
y el escritor se rinde.

Los segundos pasan a minutos,
se llegan las horas
e, incluso, los días
y la hoja sigue blanca,
malditamente intacta.
El arte de escribir no llega,
no aparece ninguna musa,
se esconden las inspiraciones,
no hay sonido de teclas.

Cuantas jornadas se han perdido
buscando ese algo,
un color, una palabra
que nutra las almas,
que alimente a los dioses del arte,
que ayude a que la tinta plasme imágenes
en un papel no mancillado.

Empero, hay que seguir aguardando,
retardando la entrega,
pues el silencio se mantiene,
no hay letras,
menos vocablos.

¡La maldita hoja sigue en blanco!

Letra Y

La letra Y me cautiva,
es enigmática para mí,
porque puede usarse como consonante,
en la palabra «Yo»,
o como vocal,
en la palabra «Rey».

Además, esta letra pequeñita,
puede unir dos magnos eventos
como si fuesen uno solo,
como si siempre lo hubiesen sido...

...Y allí estaba yo,
mirando la magnificencia
del universo creado,
agradecido por esa realidad
que se ha materializado.

Y Dios me miraba a mí.

Baño de luna

¿Has visto alguna vez
a la hija del diablo
bañándose desnuda
en una acequia
bajo la luz de
la luna menguante?

¿No?

Pues yo sí,
y no es tan bonito
como lo pintan.

La mariposa dormida

Juana se despertó sabiendo
que estaba soñando,
porque no podía ser
que estuviese de pie mirando
como dormía en la cama.

Definir

La vida se ha transformado
en la búsqueda de una definición,
en la carrera por conseguir la palabra única,
aquella que, en sus sílabas, represente
la eternidad del vacío existencial,
el sentido de lo que carece de motivos.

El don del lenguaje nos fue dado
para colocar nombre a la creación,
no obstante, insistimos en la idea de comprender
la ciencia del árbol del bien y del mal
y a sus frutos hemos colocado apelativos,
cuando no nos corresponde.

El ofidio bien hablado,
el que cultiva el mejor lenguaje,
nos seduce con su bífida jerigonza.

La cárcel de las promesas

Con la palabra se domina a las masas,
el poder de la conciencia se diluye en los discursos
de los profetas del futuro régimen,
quienes nos develan los vaticinios
encontrados en las runas.

Los plebeyos actuamos como una novia,
damos nuestro himen antes de decir: «Sí, acepto».
Antes de, siquiera, abrir nuestros ojos
a la nueva condición de la realidad.

Después de la noche nupcial, estorbamos.
Una vez que el flamante novio ingresa
por el umbral del castillo que ahora le pertenece,
se apura en llamar a sus abogados para zafarse
del estorbo que ahora representan los votantes,
pide el divorcio de sus promesas
y el amor por el progreso se trastoca
por otras pasiones inmundas.

El poder es una amante nefasta
que nos seduce con lujuria,
que nos enseña las artes de un diabólico kamasutra
y nos satisface con eróticos placeres
que se desvanecen después del orgasmo.

Dijimos no a Dios, porque ha fracasado,
no votamos por el rey que ha fallecido,
pero entregamos nuestra vida
a los representantes de un nuevo orden,

a las vacías ofertas y juramentos que se hacen
cuando el único fin es enredarse en las sábanas,
bañarse de sudor y succionar nuestras fuerzas.

Para superar la tristeza y el sinsentido resultantes,
nos enfrascamos en los químicos
ofrecidos por los farmaceutas de la nueva economía,
recubiertos con excipientes de falsa felicidad:
antiácidos repelentes de sueños,
anticonceptivos que evitan la fertilización de las
                                                /ilusiones,
analgésicos para disminuir el dolor de la verdad
y supositorios para bajar la fiebre de libertad.

Lamentablemente, los electores del mañana
seguirán drogados con falsas ilusiones,
consumirán las pastillas del sometimiento,
al igual que sus padres (*nosotros*)
y que sus abuelos (*nuestros progenitores*).
La vida es circular, la cárcel es una esfera
cuyo diámetro es infinito y que no tiene fin
si no cambia nuestra especie.

Las palabras

El universo se estructura
en torno a las palabras;
a la suave melodía
de su pronunciación,
al ritmo de sus tildes,
a la cadencia de sus letras,
a la vocalización de cada sílaba.

El universo entero
nació de una palabra,
tal vez, la primera
dicha por Dios.

Desde ese vocablo primigenio,
en el albor de los tiempos,
se han pronunciado
miles de otros:
dichos, mal dichos,
constructores, destructores,
de verdades y mentiras,
de vida y de muerte.

Al fin de los tiempos,
la puerta última,
se cerrará con otra palabra,
el adiós final.

Tanto se ha dicho,
otro resto se ha dejado de decir,
a veces nos hemos comido las palabras,

hemos tragado las vocales
y vomitado las consonantes,
con tal de no decir
aquello impronunciable.

La escritura crea universos,
la escritura está hecha de palabras,
las palabras las componen las letras
y las letras son arrojadas al azar
en el libro de la existencia;
sin ellas,
no conoceríamos del tiempo,
no sabríamos de la luz,
no habría fin,
el inicio no habría comenzado,
nada habría sido escrito,
ni dicho,
ni murmurado,
ni gritado,
ni expelido.

El difícil arte de escribir
depende de la habilidad
de conjugar los adjetivos,
pronombres y sustantivos,
adornados de más consonantes y vocales
que las mínimamente necesarias.

Al escribir ordeno el universo
a mi soberano antojo,
gracias a las palabras,
a las sencillas palabras

que aprendí de niño,
que he olvidado con los años
y que he aprendido a usar
en mis tristes días.

Sólo me falta aprehender
una palabra más,
pero no la puedo escribir
porque aún la desconozco...

El día que mi payaso lloró

El artista está agotado,
en su rostro vemos la
evidencia de años de espectáculo,
que hoy él trata de plasmar
en las imágenes de su arte.

La alegría del payaso está pintada
sobre su rostro, aunque sus ojos
desnudan el llanto de un hombre
consumido por carcajadas extirpadas
a un público que ya no está.

La empresa acometida es
más enorme que lo propuesto
inicialmente y carece de las
fuerzas que poseía en su
famosa y laureada juventud.

La nariz granada está suspendida
por una mano anónima,
la concentración trueca en rabia,
de alguna forma, él se ha equivocado,
arruinando el momento de comicidad.

Espiamos con prudencia,
mantenemos el silencio,
el sonido no permite descubrir
el objetivo de aquello que busca el artista,
el sentido de todo lo que ocurre frente nuestro.

De pronto, una mueca de alegre pena
escapa del rostro apesadumbrado
de quien fuera nuestro héroe
y pensamos en la indigna dignidad
de quien trata de hacernos reír.

¿Hay arrogancia en el humilde
gesto de maquillarse a sí mismo?
¿En la búsqueda de lo perfecto
que otros no te darán?
¿En un bufón que llora?

El colorido vate buscaba orlar lo atroz,
revelar la luz en la oscuridad,
ver la belleza en la soledad
de la espantosa muerte,
asear la vía de excesos de lo humano.

Los niños no lloraron,
los adultos no se rieron,
los críticos no adularon,
los melosos no reprobaron,
el ego no fue alimentado.

En su tarea ha fracasado,
guarda con vergüenza su fruto,
esconde a su pródigo hijo,
nunca podremos ver en vida
lo que su mente creaba.

Adiós al payaso,
adiós al circo,

adiós a la infancia,
adiós a la dulce alegría,
bienvenida sea la eterna congoja.

Protección

Aprendí a enterrar los horrores
tras la puerta de la memoria,
donde un monstruo se mantiene lejos
de ojos ciegos que juraron no abandonarnos.

El tiempo dibujado con tiza

Corre pequeña niña,
corre en busca del conejo blanco,
detén las manecillas que tanto le preocupan,
porque, a medida que el reloj avanza,
una nueva cicatriz de muerte
crece en mi alma.

Corre pequeña niña,
corre en busca del conejo blanco,
que no llegue al té de las cinco,
que se retrase, al menos, en una hora.
Invítalo a llorar a los vivos
y a que disfrute a los muertos.
Porque los latidos desaparecen,
como un trazo de tiza en el mar del tiempo,
que puede ser borrado por la manga del desprecio.

Corre pequeña niña,
corre en busca del conejo blanco,
que le consuman las ansias de comer
en una mesa de desadaptados.
Porque el hambre se suma a las infinitas
sensaciones de vacío que me atan
a este mundo dibujado por los olores nefastos
de dioses moribundos.

Animales

Leer el futuro en el vientre de una tortuga, jugar ajedrez
en su caparazón.

Mientras esperas en el desierto a un elefante de mil
colores, un gato juega con un corazón
como si fuera un ovillo de lana roja.

Catalina intenta, por enésima vez, escapar, busca a sus
hijos desaparecidos,
no sabe que murieron en manos del destino, como
cuando fue rescatada del Paseo Ahumada.

Tamara desencarnada, yo fui el amor de su vida, espera,
espera, simplemente espera.

Un oscuro mastín me lame con cariño, aún no puedo
mencionar su nombre,
porque su partida duele como si el ayer fuese hoy.

Las constelaciones se han llenado de animales, cada
estrella con su nombre,
cada planeta es una esperanza para el reencuentro
definitivo.

Parte IV

Oraciones al Hijo de la Mujer

10 de mayo

Por favor, no llores.
Solo quería agradecerte
porque sé que estuviste conmigo
todos estos meses y me amaste
cada uno de los días
en que te hice compañía.

Es difícil entender que
nuestro sueño de estar juntos
mirándonos a los ojos,
se viese truncado así,
tan de repente.

Eso no quita
que yo te quiera.

¡Aquí dentro tú fuiste mi luz,
la fuente de mis alegrías,
la que me dio por un ratito la vida!

No sé a dónde voy,
pero tengo la certeza que
allá lejos te estaré esperando,
así como tú me esperaste a mí,
para que finalmente nos conozcamos
y te pueda decir,
directamente a esos ojos que nunca vi:

«Mamá, yo te amo».

Ángela, embarazada

Quisiera Dios haber planificado los territorios
/del hombre
de manera que se adaptaran al diseño de
/un tablero de ajedrez,
donde cada movimiento de las piezas definiera el juego
/de la vida.

La estrategia del deseo se resolvería en
/la siguiente movida:
el loco ocuparía el lugar del caballo, sometido por
/la torre oscura
y el alfil se perdería en las faldas de la reina, a la vista
/de sus peones.

Cada cuadro, blanco o negro, se trastocaría por
/un arcano mayor,
las hojas del té presagiarían la ecuación resultante
y el rey se encontraría empastillado ante un séquito
/de fichas.

Ojalá las ciudades pudieran planearse para poder vivir
/así:
seis días de descanso y uno de trabajo,
seis días de palabras y uno de oración.

¿Aún crees que el universo se hizo a sí mismo
/en siete días?
¿Me haces un queque con el sabor del ensueño?
¿Te molesta lo que digo? ¿Te huele a sorna?

Veo una niña sentada en la posición de la dama blanca,
un mar de plumas llueve sobre su cabeza,
una aureola desnuda su origen otrora celestial.

La condena y la desdicha marcan su sino,
ella llora ante un incienso apagado,
el vientre abultado revela la tentación de la carne.

El ala rota, el alma deshecha, un ángel abandonado,
cielo, mar y tierra, por la palabra todos creados.
Y Dios sigue descansando, de su reino alejado.

La serpiente gobierna al mundo,
un dragón de catorce ojos controla al ser humano,
el árbol prohibido ya no promete más frutos.

Ante la desalentadora realidad, es mejor llorar que reír.
El arca de Noé, la ballena de Jonás o las piedras de
Moisés
no podrán salvar a todas las cartas del mahjong.

Mi ángel hembra, mi ángela,
hoy yaces embarazada,
en el suelo abandonada con un ala rota.

Imposibilitada de poder volar hacia el cielo,
para unirte a tus hermanos y hermanas
y cantar al unísono las alabanzas al Todopoderoso.

Al parecer, Él se ha quedado sordo.

La madre ausente

Nací de cuerpo hombre,
arrancado del seno de una mujer
que me alimentó de sueños
y me nutrió de esperanzas,
que me enseñó a ser persona,
a amar lo sagrado
y bendecir lo mundano.

Le he pagado con ingratitudes
y con llanto de desprecios,
madre de un mal hijo que
sólo sabe de excusas.

Cuando te vayas, lloraré tu ausencia
y maldeciré las piedras,
pero ahora que te tengo
ni me preocupo siquiera
de saber de tus dolores.

Oh, madre cómo quisiera
aprender a ser un agradecido
y dejar de justificarme,
si no puedo decirlo que,
al menos, escrito dejara estipulado
cuánto de ti he heredado:
todo lo que soy a ti te lo debo.

¡Madre mía, cuánto me has amado
y no puedo agradecerlo
ni con gestos, ni palabras,
es mi ausencia el regalo
que a ti te he entregado
después de que te debo la vida!

Por mí, soportaste los dolores del parto,
enfrentaste a los soldados que se alzaron,
apañaste a diablos y a santos,
cargaste con mis llantos
y disfrutaste de mis alegrías,
no te robaste mis logros,
ni cuestionaste mis decisiones,
siempre fiel y protectora,
me dejaste escudriñar el mundo.

Madre, no se puede ser más santa,
ni menos Magdalena,
ni la María podría igualar tu fuerza,
eres señora, patrona y dueña
del niño que ya fui.

Cuando tú estás presente,
Dios está con nosotros,
eres la recompensa del Señor,
magnánima mujer de descomunal entereza.

Gracias por tus ofrendas, por tus regalos,
por tu simple existencia.

He sido liberado en pesadillas

En el hogar de los sueños
existe un dormitorio de secretos,
donde habita taciturno el amor.

Un cuerpo sin pasado,
emite los últimos suspiros,
el motor que le mantenía
se ha drenado.

En un rincón,
tiemblas, sollozas,
sabes lo que has hecho,
el filo en tu mano te delata.

¡Salta de tu escondite!
¡Libérate del llanto!
¡Bebe de mi sangre!
¡Come de mi carne!
¡Que la daga sirva de llave
para abrir los pórticos oscuros!

Si la cruz salvó a la humanidad,
que mi muerte sirva para acabar
con este círculo de corazones abatidos.

Parte V
Oraciones Inéditas

Plegaria[2]

Mi ambición no está dentro de estos muros,
no se refleja en los espejos de este edificio,
mis ilusiones vuelan más allá,
me liberan de las ataduras de la monotonía,
del yugo del falso discurso,
de los compromisos en parte de pago,
de los "no te preocupes, yo lo arreglo".

Mi corazón está en las letras mundanas,
llenas de verdades develadas
en un mundo acostumbrado a los disfraces.

Lo mío es quitarme la máscara,
mostrarme desnudo en versos que nadie entiende,
que se sienten con el alma abierta.

Caminar pasillos, subir escaleras,
me asesina lentamente.
Destruye a los que me rodean,
como un vórtice de maldad pura
consume todo a su alrededor.

Me acompañan ojos vacíos,
ventanas que transparentan la oscuridad.

La impotente necesidad de comunicarse,
postergada cuando el interlocutor
sólo es una cáscara despojada de fuerza vital,

---

[2] Escrito en la época de la edición original. HCG.

un libro sin historias, sin cuentos,
sin poesía, ni rezos.

Muros que desangran penas,
maldiciones e impotencias.
Ambición que no está dentro.
El cuerpo siempre subyugado.

Ilusión

Señor,
que todo lo contienes,
libérame de costumbres que atan.

Hazme menos hombre,
más sabio.

Más humano,
menos personaje.

Menos disfraz,
más substancia.

Más sangre,
menos lágrimas.

Que así no sea,
te imploro.

Incertidumbre

Estoy tratando de entender algunas cosas:
la tristeza que envuelve,
el llanto que no se detiene,
la abrupta despedida que es tan solo
el comienzo de un silencio constante.

El adiós puede que duela...

El adiós puede que duela
si la separación es eterna
una sola es la duda
que nos recoge el alma
y nos amarga el corazón:
¿Somos bailarines sempiternos
o simplemente un verso
que se olvida al instante?

Oración

Dulce Dios, que de mí te apiades,
Es el ruego cada noche oscura y fría,
cuando el llanto me carcome
y la duda me aterra.
Tú, silente te quedas.
Yo busco en la nada.
La prudencia me indica que calle,
pero el arte me obliga a dar la cara
a través de letras indecisas.
Vocablos que repito y repito,
Y vuelvo a repetir,
una y otra vez,
y una más
y otra...

...hasta perderse en el inexorable tiempo.

Llanto, ¡Oh, llanto!...

Llanto, ¡Oh, llanto!
Por favor, que me abandones te pido.
La tristeza no es un cáliz dulce.
Tampoco es amarga.
Es una compañera impertinente,
Que te gasta la vida.
De a poco.
En cada lágrima
que se escabulle por el rostro.

"Et in Arcadia ego"[3]

Paz, ¿dónde está la paz?
¿Dónde la encontraremos en este mundo
que está enfermo, que se derrumba,
que ha mostrado sus fisuras y vacíos?

¿Estará en la muerte?
¿Y si la muerte es nada?

Gritos de un niño que juega en el patio,
¿es esa la alegría que andamos buscando?

La luz del sol que se escabulle
entre las ramas y hojas de un árbol moribundo.

Estamos en otoño
y quiero encontrar la paz en esta desolación.

¿Está la paz en la felicidad?

¿Dónde se escondió la paz?

---

[3] *Expresión en latín, que podríamos traducir como: "Y en Arcadia también estoy". HCG.*

Encierro[4]

Agonía,
Melancolía,
Tristeza,
La espera se hace demasiada.

Lejanía,
Separación,
Olvido,
Y esta cuarentena que no acaba.

---

[4] *Escrito al inicio de la cuarentena, durante la pandemia del COVID-19.*

Un martes de abril[5]

Las calles están solas,
Los animales han salido a retomar el paisaje,
Las casas están habitadas por el miedo,
La pandemia ha hecho lo suyo,
El jinete de la muerte se pasea entre las nubes,
Su caballo bayo relincha satisfecho.

---

[5] *Escrito en abril del 2020.*

Electrones

Aparecen y desaparecen
a su soberano antojo.

Jinetes del espacio-tiempo
que se desplazan montando
un jamelgo de cuatro dimensiones.

Poesía cósmica,
poesía cuántica,
captar en un átomo
la composición del todo.

Oración de Cierre

Vocabulario

Querido lector, que con osadía y entereza,
me has seguido por estas líneas,
debo pedirte perdón por la escasez de vocabulario,
por la falta de abundancia de sinónimos.
Si repito los mismos adjetivos y sustantivos,
lo hago simplemente por ella,
por cada día en que ha pisado esta tierra,
por los horrores que ha debido enfrentar.

Índice